Rolf D. Kaufmann

Wie mir Nîzamî unter einem Anaab
Gottfindung erklärte
oder
Beten kostet nichts
Beten lassen kostet Milliarden

Originaltitel: Pregare non costa nulla. Editore Libertà Intellettuale, C. Moretti, Venezia, Rolf D. Kaufmann, 2013.

Tredition GmbH, Hamburg
© 2017 Rolf D. Kaufmann

ISBN 978-3-7345-9557-8 (Paperback)
ISBN 978-3-7345-9558-5 (Hardcover)
ISBN 978-3-7345-9559-2 (E-Book)

*>**Beten kostet nichts**<. Aus einem Predigtthema: The old life is burned? Are angels over the mortals? Einlassung zu einer Predigt eines unbekannten Priesters in der Schutzengelkirche für italienische Einwanderer im Hyde Park in London. Aus: Asylsuche des Li Ning, 1976, Rolf D. Kaufmann.*

Rolf Dieter Kaufmann

Wie mir Nîzamî unter einem Anaab
Gottfindung erklärte
oder
Beten kostet nichts
Beten lassen kostet Milliarden

1960 bis 2012

Auftakt – Mein Freund Giorgio

Fundamentalismus

Mein Freund Giorgio stellt bei einer meiner Dienstreisen nach Rom im Jahr 2012 fest: *Wie soll das möglich sein, dass unzählige Menschen unter Fundamentalismus nur die Weltanschauungen von Terroristen verstehen und nicht die so genannten Glaubenswahrheiten der – sagen wir – normalen Gläubigen, des normalen Kirchenvolkes der großen Weltreligionen? Christlicher Funda-*

mentalismus hat Jahrhunderte überdauert und gilt als Glaubensverständnis von Aber-Millionen Christen weltweit.

Fundamentalismus wird aktuell im 21. Jahrhundert fast ausschließlich mit Volksverdummung, Gewalt, Indoktrination, Fanatismus, Intoleranz, Wahnideen und Terror in Verbindung gebracht.

Die Konsequenz aus dem christlichen Fundamentalismus, der sich ausdrücklich an der Bibel orientiert bzw. sich auf das von Gott inspirierte Wort beruft, ist der Glaube an die absolute Irrtumslosigkeit der Bibel.

Erstmals im Jahr 1960 begegnete ich Giorgio. Er war Theologe und damals postgraduierter Student an der päpstlichen Universität in Rom - Pontificia Universitas Gregoriana.

Es war auf dem Flohmarkt Porta Portese im Trastevere, im 13. Stadtteil, dem damals – neben dem Arbeiterviertel San Lorenzo –

ärmlichsten und am meisten herunterge-
kommenen Stadtteil von Rom.

Ich ging damals auf mein achtzehntes Le-
bensjahr zu und ich hatte mir fest vor-
genommen, im schönen Rom Kunst zu studieren.

Die Antwort meines Vaters auf dieses An-
sinnen, Kunst zu studieren, war übrigens
die übliche: *Wie bitte? Kunst? Brotlose
Kunst? Willst du nicht etwas Vernünftiges
lernen.*

Nicht, solange ich lebe!

Nicht, solange ich lebe! So lautete meine
Antwort. Zwischen Altzeugverkäufern, Hüt-
chenspielern und anderen Spitzbuben ver-
sprach mir Giorgio auf dem Flohmarkt in
Trastevere feierlich, er werde herausfin-
den, wo ich eine Wohnung oder ein Zim-
mer in Rom bekommen könne.

Sein Versprechen beruhigte mich sehr, da ich seit mehr als drei Wochen im Zentralbahnhof *statione termini* nächtigte.

Meine Studienjahre in Rom fielen in die Zeit des Pontifikats des von Giorgio verehrten Papstes Johannes XXIII.

Giorgios Meinung zu Johannes XXIII, achtundvierzig Jahre später, im Jahr 2012:

Nach meiner Auffassung hat Johannes XXIII wie kein anderer in die Zukunft geschaut. Er hat die katholische Kirche reformieren wollen. Er hat jedoch nicht den Fundamentalismus und die Rigorosität Altgläubiger in der Kurie und denselben im administrativen Katholizismus überwinden können.

Er hat zur Mäßigung bei Rechtfertigungen von Letztbegründungen in der vorgegebenen Ordnung der Kirche aufgerufen. In Folge wurde er gegen seinen Willen zu Lebzeiten zum >Guten Papst> il papa buono hochstilisiert. Dabei hat man ihm die Flügel gestutzt und ihn als Reformer absichtlich verharmlost.

Johannes hat das Ende des Einflusses des >Schwarzen< und >Weißen Adels< Nobile d´ italia, delle famiglie Nobile del regno d´ italia, Nobilità mediterraneo, und damit das Ende einer ganzen Epoche des Einwirkens des italienischen Adels auf Vatikan und die gesamte katholische Kirche eingeleitet. Das ist von den Betroffenen als Angriff auf die Tradition und als zerstörerischer, letzter Akt gegen die auslaufende Macht des Adels epilogo triste erlebt worden.

Der italienische Adel, vor allem der des Südens Italiens, führte über Jahrhunderte eine Ethik und einen religiösen und politischen Stil >Epilogo triste< in die katholische Kirche ein, der die Kirche der Wirklichkeit entfremdete und Unfähigkeit in der Bewältigung religiöser sowie gesellschaftliche Problemstellungen nach sich zog.

Johannes XXIII. hat das Vatikanum II, das 21. Ökumenische Konzil, (11. Oktober 1962 bis 8. Dezember 1965) einberufen.

Giorgio: *Absicht des Papstes ist es gewesen, die katholische Kirche zu einer pastoralen und ökumenischen Erneuerung zu führen.*

Um dem Erstarken des Islam die Brisanz zu nehmen und die Abwendung vieler Christen von der Kirche aufzuhalten, hat auf Drängen des Papstes das Konzil halbherzig zu einem – wenn auch nur abstrakten – Bekenntnis zur >Religionsfreiheit< (kirchliches Religionsfreiheitsdekret) und zu einer nur scheinbaren Anerkennung der >Menschenrechte< gefunden.

Was den Islam betrifft: Wie stünde die katholische Kirche im Verhältnis zum weltweit quirligen Islam ohne das Zweite Vatikanische Konzil heute da?

Johannes XXIII Wunsch ist es gewesen, eine Kirche des JETZT, eine Kirche von HEUTE zu gestalten bzw. diese für die tatsächlichen Nöte und Lebensnotwendigkeiten der Menschen zu öffnen. Die Kirche sollte nicht für sich selber da sein. Johannes hat eine Veränderung des Hirten- und Priester-Amtes angestrebt, vom Vatikan später als Modernisierung interpretiert und vornehm abgetan.

Mein Resümee im Jahr 2012: Die katholische Kirche war nicht auf der Höhe der Zeit bzw. keine zeitnahe Kirche. Sie ist es auch heute nicht. Die Euphorie jener Jahre ist längst verflogen. Hoffnung auf Erneuerung wurde zwar geweckt, doch >Von Hoffen ist nichts zu hoffen<.

In Wirklichkeit hat sich in der katholischen Kirche bis heute nichts Wesentliches geändert.

Die hauptsächliche Leistung des Kirchenvolkes ist weiterhin das mühevolle, wenig überzeugende, indifferente SICH FÜGEN.

>Wer uns gehorcht, der gehorcht Gott und ist auf dem richtigen Weg<.

Derweil leben viele Gläubige auf einer neuen, von der Kirche nicht erkannten oder ignorierten Ebene der Realität.

Exkurs

Aus der Einlassung zu einer Predigt eines unbekannten Priesters in der Schutzengelkirche für italienische Einwanderer im Hyde Park in London:

Ergebenheit des gläubigen Christen? Die hauptsächliche Leistung eines gläubigen Menschen ist das SICH FÜGEN. Wer ist ein tatsächlicher Christ, ein freier Christ? Wer ist ein komischer Heiliger? Wer ist frei von Manipulation?

Der Ämtler in Sachen kirchlicher Karriere? Der Anhäufer in Sachen Geld? Der Artige in Sachen Ehre? Der Aufschieber in Sachen Entscheidungen? Der Beflissene in Sachen

Kirchendienst-Tauglichkeit und Treue? Der ewige Gängler? Der ewig Gleichgesinnte in Sachen Gesinnung?

Über die frühen Christen und Kaiser Konstantin der Große

Die frühen Christen 41 bis 313 neuer Zeitrechnung – so erzählte mir Giorgio im Jahr 1965 in Rom – seien zunächst spontan und lokal, dann regional und schließlich kaiserlich angeordnet im ganzen Staatsgebiet verfolgt worden. Sie seien Geächtete, Entehrte, Vertriebene, Abgeschobene, in Willkür und mit Denunziation kriminalisierte, teils wohnungslose oder in schmählicher Knechtschaft verharrende Menschen gewesen. Man habe sie als Verdorbene beschimpft.

Zugleich sollen sie aber auch Streitbare, Widerständler gewesen sein, die nach Veränderung zum Guten strebten.

Von Gerichten, der Staatspolizei, von Geheimdiensten, Spitzeln und Folterern seien sie in die Enge getrieben worden.

Virulentes Christenvolk

Giorgio: *Viele Christen wurden getötet. Diejenigen, die sich bewusst Christen nannten, versuchten mittels Migration, in Solidarität mit ihresgleichen, mittels Aufruhr und Aufständen und mittels Selbstdarstellungen in religiösen und weltanschaulichen Gemeinschaften zu überleben.*

Kaiser Konstatin der Große (270-337) dachte wohl ab dem Jahr 313 – oder früher schon? – darüber nach, was das virulente Christenvolk in seinem Staat alles zur Festigung seiner persönlichen Macht bewirken könne. Nach diversen Siegen Konstatins in kriegerischen Auseinandersetzungen mit Rivalen nahm er deshalb Abschied von den althergebrachten Götterverehrungen und religiösen Bräuchen und dem, was das Reich bis dahin zusammengehalten hatte.

Trotz Missbilligung aus großen Teilen seines Volkes entschied er sich für die Akzeptanz christlich-fundamentalistischen Gedankengutes.

Konstantin der Große, Usurpator, Massenmörder und Christ, siegte schließlich im Zeichen Christi über alle seine Feinde und machte Rom zum christlichen Imperium. Er führte das Christentum von einer verfolgten, verfemten Gemeinschaft zu einer privilegierten Gesellschaft und Staatsreligion. Er war ein brutaler Machtpolitiker.

Flavius Valerius Canstantinus, Konstantin der Große oder der I. wurde schließlich in Anbetracht seiner Verdienste für das Christentum heilig gesprochen. Immer am 21. Mai gedenken einige Katholiken seiner.

Überlebensunterhalt

Es sei eine aufregende Zeit gewesen – erzählte Giorgio 1965 weiter. *Papst Markus, über den wenig bekannt ist (verstorben*

326), hat diese Zeit zurückblickend und mit Sorge um den gesicherten oder nicht gesicherten Lebensunterhalt der Bevölkerung später so charakterisiert:

Seht, Kinder Gottes: Gottesglaube und Unglaube sind nicht die einzigen und nicht die brennendsten Probleme in der Welt. Die hauptsächliche Sorge der Massen von Menschen gilt der Sicherung des Überlebensunterhalts.

Geschenkte Macht

Der erste christliche Herrscher, Konstantin, überhäufte die Christen mit Privilegien. Er hatte recht schnell begriffen, was der Aufsässigkeit seiner politischen Feinde im Land ein Ende bereiten würde.

Mit Machtbefugnissen durch Konstatin ausgestattet, wandte sich die frühe Christenheit im Römischen Reich jetzt ihrer eigentlichen Sorge, der Festigung der geschenkten Macht, der Verbreitung religiöser Über-

zeugungen sowie der finanziellen und wirt-
schaftlichen Sicherung der christlichen Gemeinschaften zu.

Zu den gravierendsten Auseinandersetzungen zählte ab dem Jahr 314 der so ge-
nannte >Arianische Streit<, der zum Konzil
von Nizäa führte.

Der Arianische Streit

Der Papst wurde zum erbitterten Gegner
seines Gegenspielers, des Arius. Es ging –
wenn schon um Macht – um absolute, über
die weltliche hinausgehende, von Gott ge-
gebene Macht. Um es einfach zu sagen: Es
ging um Allmacht.

Wenn schon Macht, dann Allmacht

Die päpstliche Kirche entwickelte mit der
dogmatischen Trinität, der Dreifaltigkeit
(Dreieinigkeit) Gottes, mit Gott Vater, Gott
Sohn und Gott Heiliger Geist und mit ihrer
Stellvertreter-Rolle eine für damals durch-

aus einleuchtende Vorstellung von Allmacht, die auf Erden Bestand haben könne.

Die von Arius an der Spitze geführte kon-
träre christliche Bewegung fürchtete wohl
diese Allmacht und entschied sich deshalb,
dem entgegenzusteuern.

Arius, geboren um 260, verstorben 336,
war ein Diakon und christlicher Presbyter.
Nach ihm ist die Lehre vom >Arianismus<
benannt. Er soll ein in der Philosophie Pla-
tons bewanderter, hochgebildeter, aus einer wohlhabenden christlichen Familie
stammender *Kämpfer für das Gute* gewesen sein.

Die Argumente des Arius: Die dogmatische
Trinität könne nicht wirklich sein, ebenso
nicht die Behauptung, Jesus habe neben
seiner weltlichen eine göttliche Natur.

Arius, der Feind absoluter Macht, musste
geopfert werden, weil er Allmacht als die
einzig wahre und die durch Konstantin er-

rungene bzw. geschenkte und schützende Macht nicht akzeptierte. Er musste in die Verbannung geschickt werden, weil er zur Allmacht, d. h. zur allumfassenden religösen, gesellschaftlichen, rechtlichen sowie wirtschaftlichen Macht der Kirche auf Erden wenig einträgliche und deshalb nicht akzeptierbare Thesen vertrat.

Thesen des Arius

Erste These:
Logos und Gott sind nicht gleichen Wesens.
Zweite These:
Jesus ist nicht Gott, sondern nur ein Geschöpf Gottes.
Dritte These:
Es habe eine Zeit gegeben, da Jesus nicht existierte. Also könne er nicht Gott sein.

Um die Stellvertreter-Funktion der Kirche auf Erden jedoch für immer und ewig festschreiben zu können, brauchte es eines menschgewordenen Gottes, eben eines Jesus.

In dieser Auseinandersetzung ging es ums Ganze. Es ging um die alleinige, totalitäre Macht und deren Legitimation durch Jesus Christus, durch den dreieinigen Gott - für alle Ewigkeit. Und es ging um fundamentalistische Grundfragen:

Erste Frage:
Wer oder was garantiert den Menschen die Sicherheit der Erlösung?
Zweite Frage:
Wenn Jesus nicht Gott ist, wen kann er dann noch erlösen?

Eine für künftige Generationen grundständig theologisch-philosophische Überlegung und zusätzlich eine machtpolitische, finanzpolitische, wirtschaftspolitische sowie kultur- und sozialpolitische Überlegung.

Es ging um ein Geschäftsmodell – das überzeugendste, das es je gab und noch gibt.

Diese christologischen Streitigkeiten über-
dauerten das 4. und 5. Jahrhundert und
dauern immer noch an. Sie betreffen den
Menschen Jesus Christus, das Verhältnis
Gott und Mensch, und generell das Verhältnis der Christen zu geistlichen und weltlichen Macht überhaupt.

Die Berufung auf die Dreieinigkeit als ober-
ste Instanz relativiert jede Art menschlichen Zusammenlebens, jede Art Selbstbe-
stimmung des Menschen. Sie schließt Er-
scheinungsformen von anderen Welten,
von Parallelwelten, grundsätzlich aus.

Dahinter steht die Forderung: Der Mensch
muss sich von der allgewaltigen Kirche formen lassen und sich fügen.

Dieses Geschäftsmodell, beziehungsweise
Modell des intentionalen, funktionalen,
strukturalen Fundamentalismus wirkte er-
folgreich bis ins 16. Jahrhundert, bis zur
beginnenden Neuzeit.

In veränderter Erscheinungsweise wirkt es noch immer.

Die Erfindung des Kapitalismus

Mit diesem Modell begründete bzw. erfand ganz so nebenbei die katholische Kirche den Kapitalismus. Mit diesem Modell wurde die katholische Kirche im Laufe der Jahrhunderte der größte Grundstückseigentümer der Erde. Die Kirchendiener wurden infolge zu Kirchenfürsten, Kardinälen, Bischöfen.

Die Renaissance ist der Höhepunkt der kirchlichen Macht, der Korruption und des kirchlichen Kapitalismus. In ihr erreichte die Macht der Päpste die vollendete weltliche Fülle.

Der jeweilige Papst trieb Steuern ein, Er unterhielt eine Armee. Er war der Herrscher der Welt. Zu seiner Absicherung galt ab sofort das Kooptationsprinzip:

Cooptatio, Ergänzungswahlprinzip, jenes Prinzip der Zuwahl in geschlossenen Kreisen; Zuwahl nur von Innsidern, die selbst auch zuvor zugewählt worden waren bzw. sind.

Kooptation im Allgemeinen ist letztendlich undurchsichtige >Kungelwirtschaft<. Sie ist undemokratisch, und sie forciert Korruption.

1972

Reise nach Persien

Ja, ich bin viel in der Welt herumgekommen. Lateinamerika, Nordafrika, die Arabische Halbinsel, Vorderasien ...

Wo immer du länger verweilst, begegnest du dem Geschäft mit Angst und Tod, dem Leben nach dem Tod, dem Tod nach dem Leben und dem Wunsch, den Tod zu besiegen. Es geht immer ums Überleben. Es geht immer darum, wie man stirbt.

Und fast überall bekommt man gesagt: *Religion kann sich dem Menschen nicht anpassen. Er, der Mensch ist gefordert, sich der Religion anzupassen.*

Der beste Platz fürs Leben

无论如何，最理想的生存空间是尘世
上苍对满足生活的所有承诺都是谎言
人生的天堂和永恒的生命都是逃避现实的借口

Liebe Brüder und Schwestern, ich sage euch: Der beste Platz fürs Leben ist trotz allem hier auf Erden. Alle anderen Verhältnisse mit dem Ziel erfüllten Lebens sind Scheingeschäfte. Andere Lebensorte und Lebensformen sind Ausflüchte.

So stand es am Eingangstor einer katholischen Kirche auf der Insel Shangchuan Dao, nahe der Stadt Kanton, in China geschrieben. Diese Aussage soll von Sima-Qian, dem Hofschreiber der Han-Dynastie (206 vor neuer Zeitrechnung bis 220 neuer Zeitrechnung) stammen. Die Han-Dynastie war eine Phase wirtschaftlicher und kultureller Blüte in China.

Auf der chinesischen Insel Shangchuan Dao im chinesischen Meer soll der spanische Missionar der katholischen Kirche, Francisco de Gassu y Javier, der heilige Franz Xaver, 1552 gewirkt haben und verstorben sein.

Straße des Vertragens

Im Jahr 1972, während der 2500-Jahrfeier zur Würdigung des persischen Kaiserreiches, hielt ich mich aus beruflichen Gründen in Persien auf. Zur Feier war ich von Schah Resa Pahlewi nicht eingeladen. Bundespräsident Heinemann hingegen schon. Er nahm allerdings nach deutlichen Protesten der Linken und wegen einer Augenerkrankung die für ihn peinliche Einladung nicht an.

Meine Reiseziele waren die Regionen, in denen Kurden leben: Die Provinzen Chorasan, Yazd und Sistan, welche an der Grenze zu Turkmenistan und Afghanistan liegen.

Mein Freund, Walter, Bildjournalist und Ethnologe, hatte sich auf dem Landweg für eine Fotoreportage über die Kurden im Randgebirge des Alborz-Gebirges spezialisiert.

Das Alborz-Gebirge trennt Wüste und Kaspisches Meer. Es ist ein Hochgebirge im nördlichen Iran, zwischen dem kaspischem Meer und persischem Hochland. Die Gipfel ragen bis zu 5671 m.ü.M.

Unser erstes Reiseziel war Yazd, eine alte, historisch bedeutsame Stadt in einer Oase am Rande der großen Salzwüste Dascht-e-Kawir, im iranischen Hochland gelegen.

Ein in Yazd beheimateter, ehemaliger Studienfreund, Adalhard Afarid, erwartete uns dort und führte uns zur >Straße des Vertrauens<. Er brachte uns zu einer berühmten, schmalen Gasse in der Altstadt, die daran erinnern soll, dass alle Menschen, unabhängig von Stand, Weltanschauung, Religion und Rasse sich vertragen sollen. An der Hauswand in der Straße des Vertragens stand in persischer Sprache geschrieben:

ترجمه از زبان آلمانى
شما اى مسلمانان و مسیحیان، برادران و خواهران خود و
همه مؤمنان را به کوچه باریک سازگارى روانه کنید.
برادران و خواهران، این راه همه انسان‌ها را، از هر کجا که
باشند، به جاده بیدارى رهنمون میکند.

Muslime, ihr, und Christen, schickt eure Brüder und Schwestern, schickt alle, die gläubig sind, in die enge Gasse des Vertragens. Diese, Brüder und Schwestern, führt die Menschen von überall her auf die Straße des Erwachens.

Adalhard Afarid erklärte uns *Straße des Erwachens* so: In China, Indien, Japan und im Iran bedeutet *Straße des Erwachens* in etwa: Ein schöpferisches, Fantasie geleitetes, risikofreudiges, erleuchtetes, weltoffenes, tolerantes, gemeinschaftliches Leben im Einfluss der Erkenntnis und zur Be-

reicherung unterschiedlicher Kulturen suchen bzw. führen. Bei aller Verschiedenheit
müssen wir Menschen noch lernen, uns
gegenseitig zu respektieren und friedlich
zusammenzuleben.

Das sei am Rande erwähnt, da mein haupt-
sächliches Reiseziel Süd-Chorasan, das Land
der aufgehenden Sonne, an der Grenz zu
Afghanistan, und dort der Einödhof des
Kurden und Zarathustriers Nîzamî waren.

Zur Erklärung: Nîzamî ist ein Gläubiger der
zoroastrischen Religion. Zoroastrismus ist
eine altpersische, monotheistische Religion,
deren Gläubige wegen ihrer heiligen
Schrift, Awesta genannt, deutlich in ihren
Lebensweisen eingeschränkt und diskrimi-
niert werden.

Fruchtbringender Anaab

Auf einer Reise durch die Trockenwüsten
im Hochland begegnet man allzu oft den
guten Mächten des Sonnenaufgangs und

des Sonnenuntergangs, den bösen des sengenden Lichts am Tag und der Trockenheit und Finsternis bei Nacht sowie dem Mangel an Wasser und Wind.

Ein Traum: Verweilen im Schatten eines Anaab, des seltenen, wertvollen Obstbaumes mit apfelartigen, wohlschmeckenden Früchten, die es nur in dieser Gegend gibt.

Im Namen des Ahura Mazda, im Namen Gottes, Sei gegrüßt!

So empfing uns Nîzamî – samt dem Clan, der Ehegattin, samt den Kindern, Großeltern, Urgroßeltern, Schwägerinnen und Schwäger usw..

An Gott zu glauben schadet niemandem!
Das gab ich höflich zur Antwort.
Wie wahr! Das bestätigten Nîzamî und seine Familie.

Später einmal, im Zusammenhang mit Religion, soll Nîzamî zu Walter, meinem Begleiter, gesagt haben:

An Gott zu glauben schadet niemandem! Gott zu instrumentalisieren, zu benutzen, zurechtbiegen, zu missbrauchen und für unlautere Zwecke zu verwenden, um Macht über die Menschen ausüben zu können, um Menschen an die Kandare nehmen zu können, um Menschen unmündig zu halten und sie in jedweder Art auszubeuten, ist das Allerschlimmste, was passieren kann.

Wie wahr! So würde ich ihm geantwortet haben.

Wie mir Nîzamî unter einem Anaab seine Gottfindung erklärte

Nîzamî: *Ich möchte behaupten, alles, was der Mensch sich vorstellen kann, gibt es, oder wird es irgendwann geben. Dabei spielt ohne Zweifel die Zeitfrage eine Rolle. Dafür steht mein Fundus an Wissen und Erfah-*

rung von der Welt. Dafür stehen meine Funktionen und die Verantwortung als biologischer, sozialer und juristischer Vater. Dafür steht das Amt als Anführer meines Clans. Dafür stehen mein Volksstamm und die Stammesgesellschaft.

Jede Familie hat ein Familien-Oberhaupt, jeder Stamm hat ein Stammes-Oberhaupt, das die Geschicke der ihm Anvertrauten leitet und die Verantwortung trägt. Es bedarf also einer Struktur, eines Aufbaues und Gefüges für das Zusammenleben.

Um eine Struktur zu schaffen, braucht man irgendetwas, um überhaupt irgendetwas schaffen zu können.
Schau hier! Ich nehme drei leere Blätter und lege diese aufeinander.

Drei leere Blätter >stehen< für eine inhaltsleere Struktur, in der Anthroposophie der Beginn zur Erlangung der Weisheit, der Anfang der spirituellen Weltanschauung.

Weshalb drei? Die Drei gilt in unseren Breiten als >Die gute Zahl<. Aller guten Dinge sind drei. Drei Menschen sind die kleinste Gruppe, in der bei Abstimmungen eine absolute Mehrheit entstehen kann. Unser Lebenszyklus: Kindheit, Erwachsenenalter, Alter. In unserer Region ist die Drei eine heilige Zahl.

Jetzt nehme ich drei weitere Blätter. Diesen geben ich einen Namen: Ahura Mazda.

Ahura Mazda ist in der Überlieferung der persischen Großkönige der weise Herr, der Herr der Weisheit, der Schöpfergott, der zunächst die geistige Welt und dann erst die materielle Welt erschaffen hat.
Immer noch habe ich mit diesen Blättern eine inhaltsleere Struktur, weil die Worte Ahura Mazda willkürlich gesetzt sind und jederzeit durch andere ersetzt werden können.

Um einer Struktur einen Inhalt zu vermitteln, gebe ich Ahura Mazda eine Funktion.

Deshalb soll auf weiteren drei Blättern, die ich hier anhäufe, geschrieben stehen:

Vergleichbare Erklärungen und Kritik gibt es auch in Deiner, der westlichen Welt.

Ein Gott, eine Gottheit ist innerhalb verschiedener Mythologien, Religionen oder Glaubensüberzeugungen – sowie in der Metaphysik – nur dann ein übernatürliches Wesen oder eine höhere Macht, wenn ich als Mensch in ihm Aufgaben und Funktionen erkenne.

Gott liebt diejenigen Menschen, die gute Menschen sind.

In Deiner, der westlichen Welt, entlarvt ein deutscher Philosoph den freien Willen und die religiös verankerte Aufteilung in >Gut< und >Böse< als überflüssige Moral. Er fragt sich und andere: Sind wir ohne Moral bessere Menschen?

Jenseits von Gut und Böse?

Mein Fundus an Wissen und Erfahrung sagt mir: Die Welt ist voller Gefahren. Es geht um friedliches Zusammenleben und Unfriede. Und es geht darum, das Leben in der Balance zu halten.

Deshalb soll auf drei weiteren Blättern, die ich hier anhäufe, geschrieben stehen:

Gott bestraft diejenigen Menschen, die böse Menschen sind.

Viele Menschen leben nur selten oder gar nicht im Zustand materieller Fülle und in mitmenschlicher Geborgenheit, schon eher im Zustand fortdauernder Entbehrungen.
Wir hier leben in der Nähe anderer Völker, anderer Stämme, anderer Familien.

Es kommt zu Streitereien wegen Hungers und Durstes, wegen Hilfeleistungen und Verweigerung von Hilfe, wegen unterschiedlicher Meinungen, wegen eines zu schützenden Gutes, wegen Neid, Missgunst, Angst, Erregung und Zorn, wegen Diebstahls, Raubes und Mordes.

- Weshalb greifen Menschen nach einem Gott?
- Weshalb ersehnt sich der Menschen einen Himmel?
- Weshalb lassen sich die Menschen von einer vermuteten Hand Gottes leiten?
- Weshalb ist Gott für viele Menschen zum Greifen nah?
- Weshalb stellt der Mensch überhaupt die Frage nach der Rechtfertigung seines Handelns durch einen Gott?

Zu aller Menschen Nutzen werde ich verkünden: Aus meinem Fundus aus Erfahrung und Wissen heraus und als Gutdenkender, habe ich das Recht, zu glauben, dass es einen Gott gibt, der die Guten liebt und die Bösen bestraft.

Der >Gutdenkende<, so sagt man in meiner Welt, sei in die Prinzipien von Licht und Finsternis, Gut und Böse eingebunden. Die Überlieferung aus der Zarathustra-Religion geht davon aus, dass verborgen hinter dem sichtbaren Kosmos zwei Prinzipien einen Kampf um die Welt und insbesondere um die Menschen austragen. Die Sphären von Licht und Dunkel stellen den Ur-Gegensatz allen Geschehens dar. Licht und Dunkel durchziehen die gesamte Weltentwicklung.

So heißt es in einem iranischen Lied:

Die beiden Geister im Urbeginn, die sich als Zwillinge offenbaren, sind in Gedanken, Worten und Taten der Bessere (Gute) und der Schlechtere (Böse). Zwischen diesen beiden haben diejenigen Menschen, welche das Gute erstreben und Wahrheiten erkennen, richtig entschieden; diejenigen, die Schlechtes erstreben und Wahrheiten nicht erkennen, haben falsch entschieden. Als diese beiden Geister aufeinander trafen, erschufen sie im Ur-Beginn Leben und Tod,

auf dass am Ende das Böse den Lügen-
knechten zufalle, den Gutmenschen, den
Wahrhaftigen jedoch bestes Sein. Wegen
diesen beiden im Zwiespalt seienden Geist-
wesen lernte der Mensch Schlechtes zu tun.

Die Götter hätten sich diesen Zwiespalt
ersparen können, gäbe es nicht die Zwil-
linge.

Habe ich die Macht, das bei den Mit-
menschen durchzusetzen, was ich glaube.
Man wird mich auffordern:

Beweise, dass es Gott gibt!

Diese Frage impliziert die Geburtsstunde
der Philosophie. Gottesbeweis? Im Glauben
an einen Gott Großes, Göttliches zu be-
weisen, funktioniert nur, wenn ich Macht
über Menschen habe, um das, was ich glau-
be, durchsetzen zu können. Macht habe ich
zumindest dann, wenn ich vorgebe, zu
wissen, was Gut und was Böse ist, also
menschlich strukturiere.

Ich habe also eine Struktur geschaffen und werde infolgedessen verkünden, dass es einen Gott gibt, der die Guten liebt und ihnen bestes Sein ermöglicht und die Bösen bestraft und ihnen die Hölle auf Erden bereitet.

Man wird mir zuhören, weil jeder Mensch eine Sammlung von Hintergrundwissen und einen Erfahrungsstock, wie ich ihn habe, hat. Man wird mich verstehen.

Ich werde gut denken, gut reden und gut handeln müssen, um zu überzeugen, denn ich werde von den Mitmenschen mit den Augen des Verstandes wahrgenommen.

Jetzt werden sie mich fragen:

Gibt es zu Gott keine Alternative und zu unserer Welt keine Parallel-Welten? Gibt es keine Handlungsalternativen außer Gut und Böse?

Ich werde antworten:

Wer denkt, der sucht und findet Alternativen, Parallel-Welten, andere hypothetische Welten, die vorerst außerhalb unserer Vorstellungskraft existieren. Innerhalb und außerhalb einer Struktur entwickeln sich neue Strukturen. Wir sind doch denkende Menschen.

Das ist eine unserer Strukturformeln. Wir streben nach Erkenntnis und Weisheit, Die Gestaltung stabiler sozialer Bindungen ist eine der wichtigsten Bestandteile menschlicher Beziehungen sowie des friedlichen Zusammenlebens.

Ich stelle mir selbst oft die Frage: Wer kann sicher sein, dass es einen Gott gibt?

Der Wunsch nach Wahrheitsliebe, nach Gerechtigkeit? Sind diese Wünsche nicht auch an eine Strukturformel gebunden beziehungsweise an die Strukturen existenziellen, allgemein gesellschaftlichen Lebens sowie an Bindungsverhältnisse und räumliche Gegebenheiten?

Verkündigung

Um uns zu schützen, haben wir unsere Gewehre und Hunde. Eine Struktur entwickelt zum erweiterten Schutz ein Volumen, eine physikalische bzw. räumlich Größe, quasi einen Platzbedarf, die Möglichkeit der Ausdehnung. Man spricht auch von Dimensionen und Größensystemen.

Woher sollen andere wissen, was wir wissen und woran wir uns halten?

Verkündigung ist mit Absicht >Kundtun< eines jedermann betreffenden Sachverhaltes.

Verkündigung findet vor allem in Religionen Verwendung und ist dort gleichbedeutend mit Predigt, mit >Predigen vom Wort Gottes<.

Ich maße mir allerdings nicht an, bei der Verkündigung mit Gott, unserem Schöpfer, persönlich in Kontakt treten zu können.

Meinen Glauben kann ich nicht in die Reihe vorisraelischer Väter-Religionen, in die Reihe der Abraham-Religionen, in die Reihe der Glaubensrichtung wie jüdischer Monotheismus oder Christentum und Islam einordnen.

Zarathustra, mein Religionsgründer, hat stets nur von seinen Gedanken und Überlegungen gesprochen. Er scheint nur über diesen Weg und grundsätzlich vorläufig auf die Gottfindung gestoßen zu sein.

Auf meine Frage an Nîzamî, was ich mit dem vor mir angesammelten Papierhaufen tun solle, antwortete er verschmitzt: Sehe diesen einfach nur als Makulatur. Verbrenne ihn. Gott ist Feuer und wohnt in den Herzen.

2012

Reise nach Ägypten

Die Macht des Geldes

Freund Achmed aus der Pilgerstadt Tanta in Ägypten, Arzt:

Die Macht des Geldes ist ungebrochen. Vor Beginn der Moderne hat das Geld seinen Weg auf dem Land, zufuß, mit Kutschen und anderen landgängigen Gefährten und mit Kurieren zu den Menschen zurücklegen müssen, in Form von Münzen, Scheinen und schriftlichen Versprechen.

Mit der Moderne hat das Geld unsichtbar fliegen gelernt. Blitzschnell kann es überall landen, kaum wahrnehmbar und nur sehr schwer nachvollziehbar.

Ich wollte, ich hätte viel Geld. Dann könnte ich im Stillen alles tun und lassen, was ich will; alles sein, was ich will, haben, was ich will. Und wenn ich nichts will, hätte ich mir auch Genüge getan. Ich bräuchte meine Absichten mit niemandem mehr teilen. Ich wäre nicht einer von vielen. Und keinesfalls wäre ich Trittbrettfahrer in Demokratien, Diktaturen, Oligarchien, Autokratien sowie Kleptokratien.

Ich gehörte auf keinen Fall der Herrschaft der Plünderer an, der Diebesherrschaft, der staatlichen Herrschaft, in der sich wenige Mächtige und deren Hintermänner mit regulären >Stehlenden Gesetzen< ungeniert bereichern.

Auf keinen Fall wollte ich dann Überzeugungstäter sein. Überzeugungen entstehen hauptsächlich aus Not, Armut, Mangel, Ohnmacht und Perspektivlosigkeit.

Überzeugungen spalten vehement die Gesellschaft.

Die einen in einer Gesellschaft streben nach absoluter Gewissheit, nach festem Halt. Geborgenheit und zweifelsfreier Orientierung im Glauben an einen Gott oder im Glauben an eine Ideologie. Die anderen streben nach Öffnung des kritischen Denkens, nach freiem Handeln, nach pluralen Lebensformen, nach Differenzierung des Gemeinschaftslebens.

Die einen befürchten den Missbrauch der Politik durch Religion, die anderen den Missbrauch der Religion durch Politik. Die einen sehen in Religionen bzw. Ideologien die reine Intoleranz und falsche Sicherheit für das Leben. Die anderen sehen in Religionen bzw. Ideologien die Offenlegung einer durch Weisungen und Dogmen heilen Welt und positive Lebenspraxis mit Sinnhaftigkeit und bewährten Traditionen.

Da ich mich als wissenschaftlich interessierter Arzt in meiner Heimat Ägypten ausführlich mit Präimplantationsdiagnostik beschäftigte, bekam ich am Rande mit, dass das deutsche Parlament in der Frage der gesetzlichen Neuregelung der Präimplantationsdiagnostik wegen religiös-fundamentalistischer Strömungen in hohem Maße gespalten war. Die kirchennahen Abgeordneten waren innerlich zerrissen,

- *wissend, dass Präimplantationsdiagnostik eine zellbiologische und molekularbiologische Untersuchung ist, die der Entscheidung dient, ob ein durch invitro-Fertilisation erzeugter Embryo in die Gebärmutter eingepflanzt werden soll oder nicht,*

- *wissend, dass Präimplantationsdiagnostik zur Erkennung von Erbkrank-*

heiten und Anomalien der Chromo-
somen angewendet wird.

Damit soll Präimplantationsdiagnostik die
Chance auf ein gesundes Kind erhöhen. Sie
kann aber auch zur Erzeugung eines Babys,
das als Organspender für ein krankes Ge-
schwister geeignet ist, eingesetzt werden
oder zur Auswahl des Geschlechts oder
bestimmter erblicher Eigenschaften eines
Kindes.

Es stellt sich die grundlegende Frage nach
dem Wert des sich entwickelnden Lebens.

Der Beschluss soll zu dem Ergebnis geführt
haben, dass in Deutschland Präimplantationsdiagnostik ausschließlich zur Vermei-
dung von schweren Erbkrankheiten, Tot-
oder Fehlgeburten zulässig sei.

**Mysterium der Verlorenheit in mensch-
lichen Beziehungen**

Ich habe gelesen, Autoren der sogenannten LEFT BEHIND SERIE beschwören in christlich fundamentalistischen FANTASY-BOOKS den Endkampf des Guten gegen das Böse und kündigen den Guerilla-Kampf einer Gruppe Erleuchteter gegen die Vereinten Nationen an.

Bei diesen Fantasy-Books handelt es sich um christlich-fundamentalistische Fantasie-Schmöker, die von vielen Amerikaner ernst genommen und zu einer Art Lebensstil entwickelt werden (Tim LaHay, Jerry B. Jenkins: The End of Days, 14 Bände)

Dieser Wahnsinn soll Millionen Amerikaner mit Begeisterung ergriffen haben.

Eine extrem fundamentalistische Bibelauslegung ist die Grundlage. Ihre Bekenner erwarten das bevorstehende Ende der Welt, das Kommen Jesu, die Erlösung des Menschen und das Endgericht (Dispensationalismus).

Der Kanzler der Bundesrepublik Deutschland warnte 1998 unter dem Eindruck der TEA PARTY BEWEGUNG und deren Ideologien vor religiösen Eiferern, die sich für Erleuchtete halten. Sie seien für demokratische Grundeinstellungen nicht zugänglich. Es sei nicht ausgeschlossen, dass ähnliche Bewegungen auch in Deutschland Fuß fassen und so die Trennung von Kirche und Staat verwässern oder aufheben könnten.

Der jüdische Philosoph und Reformer Moses Mendelsohn (1728-1786) verlangte als Erster zum Schutz der Bürger Europas die Trennung von Staat und Kirche.

In den USA entwickelt sich eine Tendenz, Staatsmacht und Kirche zu vermischen bzw. ineinander zu verankern.

Fundamentalisten in den USA beteten dafür, dass Obama während eines Vortrages von Gott gewollt durch einen Wolkenbruch so sehr nass werde, dass er seine Rede an das Volk einstellen müsse.

Christliche Fundamentalisten in den USA sollten kollektiv für sintflutartige Regenfälle über Denver - am 28. August 2008 - beten, um so Obamas Präsidentschaftskandidatur zu Fall bringen zu können.

Die USA: Sehnsucht nach einem Anführer

Große Teile der US-Amerikanischen Bevölkerung sehnen sich nach einem Führer, einem Anführer, nach einem von Gott gewollten Präsidenten, der von oben herab alles Nicht-Amerikanische abschafft, was immer das auch sei, der das Volk politisch auf den rechen Rand rückt, der mauert und der demokratische Grundregeln außer Kraft setzt, kurzum, der die Staatsmacht mit christlichem Fundamentalismus vereint, um das amerikanische Volk von Fremdeinflüssen und von der >Gastfreundschaft der Kulturen< zu befreien, einen Führer, welcher der Welt signalisiert, die USA seien das leuchtende Beispiel einer besseren Welt. Und das mit allen Konsequenzen für Politik, Finanzen, Wirtschaft, Soziales.

Terror in Europa

Vorab steht derzeit in Europa der Islam im Brennpunkt des Interesses und der Zukunftsängste.

Religiöser Fanatismus

Anderswo in der Welt zeichnet sich eine Tendenz zum religiösen Fanatismus ab: Der Sudan hat ein fundamentalistisches Regime.

In Algerien führt die Islamische Heilsfront einen erbitterten und blutigen Kampf gegen die bestehende staatliche und gesellschaftliche Ordnung. In meinem Land Ägypten hat der Fundamentalismus nicht nur eine Orientierung auf den Nahost-Konflikt. Er richtet sich zum Teil auch gegen das eigene Volk.

2013

Reise nach Jordanien

**Die acht unsichtbaren Dogmen eines gott-
erfüllten Wahnsinnigen**

Mein Freund Abdul Baari im Jahr 2013:

*Die neun unsichtbaren Dogmen eines Gott-
erfüllten, einer charismatisch-autoritäten
Persönlichkeit mit Unwirklichkeitssinn für*

Befreiungsdienste, für Evangelisation und religiöse Kriegsführung:

Der besagte Gotterfüllte hat immer Recht

Der gotterfüllte Mensch stellt sich wie folgt dar:

- Er glaubt sich immer im Recht.
- Er glaubt der Hüter unveräußerlicher und immer gültiger Werte und Möglichkeiten zu sein.
- Er glaubt Zugang zu haben zu allem Denkbaren, Sichtbaren und Unsichtbaren.
- Er glaubt in Vertretung für alles Gute und Wahre zu stehen.
- Er glaubt sich zweifelsfrei auf dem richtigen Weg.
- Er glaubt, verständnisvoll und gütig sein zu müssen, da er Kraft seines Amtes Verfehlungen anderer nach eigenem Ermessen vergibt.
- Er glaubt bestimmen zu können, wer sein Nachfolger, seine Nachfolgerin wird und wer zurückbleiben muss.

- Er nimmt für sich in Anspruch, nicht nach demokratischen Regeln fühlen und handeln zu müssen, da er sich immer auf der richtigen Seite (auf Gottes Seite) wähnt.
- Er glaubt fest, er sei sich selbst immer treu.

Der besagte Gotterfüllte hat nicht gelernt, im Alltag Kompromisse einzugehen

Sollte nicht alles Tun und Lassen des Menschen der ehrbezeugenden Liebe und Demut unterstellt sein? Die Liebe zu den Menschen ist eine andere Art von Schönheit, eine andere Form des Schönen für das Gute. Die Liebe ist Grundlage, von welcher der Mensch zu individueller Größe aufsteigt.

Liebe erfahren bedeutet: Aus Demut in die Erfahrungswelten des Schönen emporzusteigen. Wo hat Liebe ihren Ursprung? Liebe kann ich weder nur sagen, noch kann ich sie nur denken, wenn sie wirksam sein soll.

Erinnert sei an eine der Lebensaufgaben des Menschen: Einerseits sollte menschliches Zusammenleben Ordnungsregeln erkennen lassen, andererseits sollte menschliches Zusammenleben vielschichtige, heftige, ja sogar widersprüchliche Auseinandersetzungen zulassen bzw. in die Wege leiten, für Denken, Meinen, Erkennen und Empfinden.

Der besagte Gotterfüllte interessiert sich nicht für die Schweigende Mehrheit

Für den Gotterfüllten ist alles eine Frage des Glaubensbekenntnisses und der Solidarität. Kollektive Glaubensbekenntnisse sind Anreize für Fundamentalismus. Ebenso der Versuch, Theologie als Wissenschaft zu etablieren. Niemandem ist es möglich, den menschlichen Verstand endgültig von der Wahrheit religiöser Offenbarungen zu überzeugen.

Da es um fundamentalistische Auseinandersetzungen geht, kann es niemanden verwundern, dass Auseinandersetzungen um

Glauben oder Nicht-Glauben bis heute nicht zuende sind und nie zuende geführt werden können. Auseinandersetzungen dieser Art führen zwangsläufig zum Ausschluss, zur Exklusion von Individuen und Gruppen.

Der besagte Gotterfüllte macht Geschäfte mit Angst und Tod

Die Kirchen der Welt betreiben seit Jahrhunderten die Moralisierung des Individuums, um diesem angeblich den Tod zu ersparen. Da der Mensch ohne Ordnung in dieser Welt nicht zu Recht kommt, erwartet er sich eine strikte und gerechte Ordnung im Reich Gottes, im Leben nach dem Tod. Das Leben nach dem Tod muss allerdings auf vielfältige und sehr schmerzliche Art und Weise bezahlt und verdient werden, sonst drohen Beugehaft, Bann, Exkommunikation und generelle Exklusion.

Einen Gotterfüllten scheren die Biografien anderer Menschen einen Dreck

Unser aller Lebensweg ist eine Sammlung teils vernünftiger, teils irriger menschlicher Bemühungen und Ausdrucksweisen für die Sicherstellung grundlegender Bedürfnisse, wie zum Beispiel Sexualität, Essen, Trinken – Ehe, Familie, Wissen, Ansehen, Ehre.

Die Auseinandersetzungen mit Biografien anderer Menschen, mit den Lebensgeschichten von Menschen anderer Kulturen und Rassen, sensibilisiert auf ganz besonders Weise und schafft Zugang zu Verständnis und Toleranz (Inklusion).

Die Auseinandersetzungen mit den großen monotheistischen Religionen, dem Judentum, Islam und Christentum und die Auseinandersetzungen mit dem >rechten Glauben< haben mangels Beschäftigung mit den Biografien Andersdenkender mehr Menschenopfer gefordert, als alle auf fremden Territorien ausgetragenen Eroberungskriege.

Der besagte Gotterfüllte verbietet seinen Mitmenschen den freien Zugang zu Wissen und Bildung.

Gotterfüllte, insbesondere jedoch Theologen, erklären zu einem Geheimnis, was sie nicht wissen oder nicht wissen können. Was ich nicht weiß, das gibt es nicht, oder: es ist ein Geheimnis. Dabei ist ihnen durchaus bewusst, dass ein Geheimnis ist, was anderen nicht mitgeteilt werden kann oder soll, obwohl man das Geheimnis mit wenigen Worten lüften könnte. Ihr Geheimnis ist, dass sie nicht wissen, was ihr Geheimnis ist. Insofern ist ihr >Geheimwissen<, welches sie nicht wissen, eine Geheimwaffe gegen alle, die ihren Glauben um Geheimnisse und Überzeugungen nicht teilen. Geheimnis >arce arcanum< bedeutet hier: Das in einen Kasten eingesperrte.

So gesehen ist jede Theologie >Nichtwissen für Eingeweihte<, also Glaube. Ich erinnere an Menschen, die im Bewusstsein der Gefahr, der Inquisition zum Opfer zu fallen *oder in das Verzeichnis verbotener Bücher (Librorum Prohibitorum) aufgenommen zu werden, den Übergang von religiös-fundamentalistischen, absolutistischen und feudalen Lebens- und Staatsformen zu säkularen Formen und laizistischen Staatsgründungen einleiteten.*

Der gebildete Abdul Baari benannte in diesem Zusammenhang folgende Personen als *die Aufklärer*: Honoré Balzac, Jean Bodin, Marie J.A. Marquise de Condoret, René Descartes, Denis Diderot, Alexander Dumas, Hugo Grotius, Heinrich Heine, Thomas Hobbes, Immanuel Kant, Sebastian Merkle, Baron de Montesqieu, Samuel Pfullendorf und Jean Paul Sartre.

Autokratische und kleptokratische Herrschaftsformen verdanken ihre Entstehung vor allem den Weltreligionen und im christlichen Europa insbesondere der katholischen Kirche.

Die päpstlich-katholischen Legitimationsformen für kirchliche und staatliche Herrschaft verloren in der Aufklärung zunächst an Boden. Politische Systeme wurden von denkenden, couragierten Menschen >zwischen Hölle, Fegefeuer der Gefühle und dem waghalsigen Versuch, frei zu denken<, zu säkularem, menschlichem Handeln und zu laizistischen Staatsgründungsakten hingeführt.

Die gefährlichste Waffe zivilen Widerstands gegen religiös und weltanschaulich geführte theokratische, autokratische oder diktatorische Systeme ist die Fantasie.

Eine gesunde Paranoia ist besser als ein blindes Vertrauen.

Der besagte Gotterfüllte verspricht Freiheiten, über die er selbst nicht verfügt

Gotterfüllte trennen die Menschen, statt sie zusammenzuführen. Sie zwingen zu weitreichenden Entscheidungen: Bist du dafür oder dagegen?

George W. Bush, Präsident (2001-2009) der USA und Republikaner, sagte vor dem US-amerikanischen Kongress in einer kämpferisch aufgeheizten Atmosphäre: Wer nicht für uns ist, der ist gegen uns! Die Abgeordneten dankten ihm mit Beifall, Jubel und Standing Ovation. Es ging um Freiheit, ein weites Feld.

Ohne die zentrale Fragestellung zu vertiefen, will ich auf folgende Schlüsselbegriffe verweisen: Willensfreiheit, Handlungsfreiheit (Im Gegensatz zu Fremdbestimmung und Zwang), Wahlfreiheit (Die Fähigkeit, willentlich und bewusst und frei zu handeln. Gegensatz: Instinktprogrammiertes oder manipuliertes Verhalten), alles tun können, was keinem anderen schadet. Autonomie, Akzeptanz, Kritikfähigkeit, Der Mensch als ethisch gelenktes Wesen?

Der besagte Gotterfüllte leidet an einer physischen und psychischen Stoffwechselstörung infolge geistiger und seelischer Fehlernährung

Die alten Spielregeln der Macht in Religionen und Politik weichen auf und verändern sich. Das Bewusstsein der Menschen wird sich grundsätzlich ändern. Das 19. Jahrhundert galt als Jahrhundert, das von Großbritannien und dessen Weltmachtideologie bestimmt war.

Das 20. Jahrhundert wurde durch die Gesinnungshoheit und das Überzeugungswissen zu >Seelenheil und Wohlergehen< der USA dominiert, dem sogenannten >Demokratischen Kapitalismus< (Das vermeintlich beste Geschäft und der menschenfreundlichste, stabilste Markt überhaupt?)
Ab dem 21. Jahrhundert gelten die Spielregeln der Asiaten, insbesondere diejenigen Chinas. Die Herrschaft über Finanz- und Kapitalmärkte und die Kontrolle über Warengeschäfte geraten zunehmend weltweit in die Hände der Asiaten. Die USA >weinen<.
Das Wagnisprofil ist ein anderes geworden.

Historisch betrachtet waren Menschen-rechte und Demokratie in der Welt bisher wenig bedeutsam, häufig nur eine Farce.

Die Menschen stehen heute in einer Epoche schmerzlichen Umbruchs und der Erneue-rung. Das führt zu ungeahnten Konflikten, zur Verbreitung unerwünschter Ansichten und zu feindlichen Handlungen aller gegen alle.

Viele Menschen wollen Umsturz und Er-neuerung. Umsturz zu welchem Preis?

Bohrende Fragen lösen bei Mächtigen in Politik und Gesellschaft Widerstand aus. Die Folgen sind Verbote, Entzug von wirt-schaftlichen und finanziellen Mitteln, Boy-kott, Folter, Isolation, Mord und Krieg.

Wahnsinns-Menschen, haltet euch bereit für das Martyrium der Verlorenheit in menschlichen Beziehungen. Ihr werdet kei-nen Halt finden in Religion und Wissen-

schaft. Das Wissen der Menschen ist eine allwisssende Müllhalde.

Die lehrenden Meinungen wurden von vermeintlich Berufenen fast immer als unerbittliche Lebens- und Verhaltensregeln aufgezwungen, teils mit und teils ohne körperlicher und seelischer Gewalt, jedoch immer gegen vermeintliche oder tatsächliche sittliche Mängel in den Grenzen einer machtbesessenen, moralischen Welt.

Menschen haben Probleme darin, dass sie wie besessen nach einer endgültigen, unverbrüchlichen und immerwährenden Ordnung Ausschau halten.

Menschen haben Probleme damit, dass sie nach absoluter Sinnhaftigkeit, Schlüssigkeit und Widerspruchsfreiheit allen Denkens, allen Handelns suchen.

2013

Reise nach China

Ohne Migration wird ein Volk dumm

Mein Freund Li Ning:

Ich bin Li Ning aus Chóngqìng, der größten Stadt der Welt. Ich habe zuerst in Frankreich, dann in Deutschland ein Asylverfahren durchlaufen. Ich bin Christ und Mitglied einer katholischen Minderheit in China.

Ich kann behaupten: Die Vorgaben für Asyl-bewerberverfahren in Germany sind men-schenverachtend und deshalb eine Art In-quisition, menschlich nicht akzeptabel.

Nach dem Heiligen Albert der katholischen Kirche sei hier zitiert:

Schätzet den Segen der Verflechtung unter-schiedlicher Ethnien, Kulturen und Sitten. Schätzet den Segen und das Wohl einer ge-mischten Gesellschaft. Schätzet den Segen der Migration. Ohne Migration triumphiert die Dummheit.

Ohne Migration wird ein Volk dumm.

一个民族如果没有移民就会变得愚蠢

Soll Dummheit den Segen eines Volkes hin-dern? Ohne Migration entstehen kriege-rische Nachbarschaft, Verhärtung der Her-zen. Ohne Migration erfolgt – so lehrt es die Geschichte – langfristig vollständige Unter-werfung eines Volkes durch einfältige, men-schenverachtende Führer.

Fundamentalismus, Begriff mit extrem divergierender, inhaltlicher Mehrdeutigkeit

Vortrag des Li Ning in Dorsoduro, Venedig:

Gott sitzt im Darm, verkündet eine religiöse Gruppierung in China, Überbleibsel einer Bewegung aus der Han-Dynastie.

Danach sei die Wohnstätte Gottes im Verdauungstrakt des Menschen, in der Peristaltik. Die menschliche Nahrungsaufnahme, ihr Verbleib im Körper und ihre Ausscheidung seien deshalb ein heiliger Vorgang. Man könne in diesem Zusammenhang von der wahren Heilslehre, der Erleuchtung durch die propulsive Peristaltik sprechen.

Nach dem irdischen Leben nehme Gott den Menschen dahin mit, wo er weder alt, krank, hungrig, durstig, noch verloren sein werde. Und das in alle Ewigkeit.

Eine so gelagerte Behauptung ist nicht weniger wahrhaftig und unwahrhaftig als jede andere Behauptung über Gottes Existenz und Wirken.

Intentionaler Fundamentalismus

Ich spreche vom >Intentionalen Fundamentalismus<. Intentional, das heißt, mit Absicht, mit letzter Konsequenz geführtes Denken, Handeln, Tun, Lassen und Entscheiden – nach nur einer Vorgabe.

Intentionales Handeln kann im Zustand materieller Fülle und im Zustand fortdauernder Entbehrungen erfolgen, sowie in der Erfahrung des Verlustes von Vertrauen bzw. des Entzugs grundlegender Bedürfnisse und Rechte sowie im Zustand des Erlebens sozialer und kultureller Mängel.

Die wohlhabenden APOSTOLIC UNITED BRETHEN in den USA, die Apostolischen Vereinigten Brüder, sind eine fundamentalistische, einer polygamen Konfession das

mormonischen Fundamentalismus innerhalb der Bewegung der Heiligen der Letzten
Tage angehörige Bewegung. In dieser Bewegung ist jeder Einzelne aufgerufen, intentional zu wirken.

Intentionaler Fundamentalismus zensiert
massenmediale Ereignisse. Beispiele zeigt
dazu auf: (INEF Report, Heft Nr. 63/2992,
Institut für Entwicklung und Frieden der
Gerhard-Mercator-Universität in Duisburg).
Die massenmediale Konstruktion der Ter-
roranschläge am 11. September 2001.

Intentionaler Fundamentalismus kann aber
auch Rückzug in die mystische Verehrung
von Göttern und Menschen – von Heiligen,
Märtyrern, charismatischen Führern – nach
sich ziehen.

Dazu: ZeitOnline-Wissen: Warum wir glauben müssen. Glaube steigert das Wohlbefinden.

Resultate aus dem Intentionalen Fundamentalismus hängen mit dem Ausschluss von Personen aus dem sozialen, wirtschaftlichen, rechtlichen oder politischen Funktionssystem in der Gesellschaft zusammen.

Als prosoziales Wesen, in dem von Geburt an das Bedürfnis nach Beziehung angelegt ist, steigert der von einem Ausschluss betroffene Mensch in einer Parallelwelt sein Wohlbefinden.

Lee Kirckpatrick, Professor für Psychologie, amerikanischer Evolutionspsychologe, hat die Gesetzmäßigkeiten der BOWLBYSCHEN BINDUNGSTHEORIE auf das Religiöse untersucht.

Er kam zu dem Schluss: Jeder Mensch strebe nach einem positiven Selbstbild. Je höher nun aber die innere Spannung zwischen dem Gewünschten und Erlebten zwischen positivem und negativem Selbst ist, desto *eher versucht der Mensch, diese Spannung religiös zu lösen.*

Der plötzliche Wechsel zu einem neuen Bezugs- und Glaubenssystem, die radikale Umwertung von Überzeugungen, von Selbst- und Weltwahrnehmung, garantiere Entlastung und Erleichterung.

Kirckpatrick weist die Vorstellung zurück, der Mensch besitze so etwas wie religiöse Instinkte.

Religiöser Glaube ist für ihn die Suche nach einer intimen Beziehung zu einer Vaterfigur. Je defizitärer die Beziehungsstruktur eines Individuums angelegt sei, desto stärker glaube es. Ethnologisch betrachtet ist es verblüffend, wie stark die Bereitschaft, eine überindividuelle Bezugsgröße zu verehren, bis zum heutigen Tag von den Menschen in allen Kulturen bejaht wird. Der Glaube an eine höhere Wirklichkeit, das Niederwerfen auf die Knie vor einer Vaterfigur, scheint den Menschen zu erheben.

Vielleicht könne selbst der Atheist nicht anders, als zu glauben, aus ganz profanen weil neurologischen Gründen. Richard Dawkins fragt: Gibt es einen atheistischen Fundamentalismus? Alister McGrath, Joanna Collicut stellen die Frage nach einem Atheismus-Wahn in den Raum.

Dazu empfehle ich ihnen folgende Literatur. Richard Dawkins: The Selfish Gene (1976), The Extended Phenotype (1082), Der Gotteswahn (2006), Die Schöpfungslüge (2009), Christopher Hitchens: Der Herr ist kein Hirte (2007).

Der Ausschluss von Menschen, Menschengruppen ruiniert Lebenschancen und versperrt realistische Alternativen für das Individuum.

Der politische und/oder gesellschaftliche Ausschluss verhärtet die Vorstellung von Lebenschancen, da er zwangsläufig zur Dauerdiskriminierung führt. Beispiel: Das ewige israelisch-palästinensische Debakel.

Funktionaler Fundamentalismus

Ich erinnere an alle Fundamentalisten, welche von sich glauben, sie alleine besäßen die Ganze Wahrheit, die Unfehlbarkeit, die Irrtumslosigkeit. Sie alleine besäßen die Inspiration aus Religion und/oder Ideologie; sie alleine besäßen die Eignung für Religion, Politik, Wirtschaft oder Wissenschaft.

Die fehlende Auseinandersetzung mit fremden, andersartigen Sozialisationsbedingungen, mit Biografien und deren Auswirkungen, stabilisiert sich zu einer individuellen Lebensform und Anschauung, zu Gewöhnung und zweckmäßigen Handlungsmustern. Beispiele sind Apartheit, elitäres Verhalten, Klassenbewusstsein.

Hinter jedem Fundamentalisten steht ein sittlicher Wille, stehen Ethik und Moral, wie immer diese auch beschaffen sein mögen. Fundamentalismus wird von Außenstehenden als >Handlungsdiktatur< und religiöse oder ideologische Zwangserziehung, religiös oder ideologisch beabsichtigte, planmäßige und zielgerichtete autoritäre Einflussnahme erfahren.

Der Fundamentalist lobt, belohnt, tadelt und bestraft permanent.

Fundamentalismus entwickelt Eigengesetzlichkeit, spezifisches Autonomieverständnis und idealistische Theologie sowie Philosophie.

Fundamental meint hier: Eine bestimmte Aufgabe, eine Mission innerhalb einer Struktur, eines gesellschaftlichen Systems, einer Bewegung zu berücksichtigen bzw. auszuüben.

Zwangsläufig ergibt sich in einer Gesellschaft eine funktionale Beziehung zwischen Personen. Aus dieser entwickeln sich funktionale Perspektiven. Beispiel: Perspektiven zu Besitz, Eigentum, Menschenbild, Christentum, Islam usw.

Der religiöse funktionale Fundamentalismus setzt einen spezifischen Funktionsraum, z. B. einen strukturierten Raum einer Glau-bensgemeinschaft.

Innerhalb dieses Raumes kommt es zu teils unbeabsichtigten und teilweise beabsichtigten Handlungen und Wirkungen, z. B. zu besonderen materiellen und sozialen Lebensformen, Denk- und Gefühlsmustern.

In einem solchen Funktionsraum können Menschen zu fundamentalistischem Umgang und zu Anpassung und Gewöhnung geführt werden. Beispiele: Separatismus, Fatalismus, Autonomie-Verlust, Souveränitätsverlust, Inklusion, Exklusion.

Separatismus ist die Absicht eines Teils einer Bevölkerung bzw. einer Gemeinschaft, sich aus einem Staatenbund, einer Gemeinschaft zu lösen, um einen eigenen Staatenbund, eine eigene neue Gemeinschaft zu gründen oder einem anderen Staatenbund, einer anderen Gemeinschaft sich anzuschließen. Beispiel hierfür sind a. seit 2008 die Tendenz Großbritanniens, sich von der Europäischen Gemeinschaft lösen zu wollen, b. die erbitterte Schlacht zwischen Katholiken und Protestanten in Nordirland, c. ETA-Bewegung, d. Euskadi-Ta-Askatasuna, die baskische-spanische Auseinandersetzungen.

Inklusion und Exklusion fallen in diesem Zusammenhang immer lokal an und müssen immer auch lokal verarbeitet werden.

Exklusion beschreibt die Tatsache, dass jemand aus unterschiedlichen Gründen - evtl. gegen seinen Willen – von einer Gemeinschaft, von einem Vorhaben, einer Versammlung ausgeschlossen wird.

Jede Person verfügt über eine Vielzahl von Inklusions- und Exklusions-Chancen. Exklusionen können sich kumulativ verstärken und zur Form eines kompakten Ausschlusses aus allen gesellschaftlichen Bereichen führen. Exklusionen sind multidimensional und kumulativ, sich steigernd, anhäufend, Ketten und Normen bildend. In verschiedenen Gesellschaften sind unterschiedlich Muster von Exklusion beobachtbar.

Ein zentraler analytischer Begriff ist in diesem Zusammenhang der Begriff der Exklusionskarriere. Die Startphasen der Exklusionskarrieren vollziehen sich in Familie, Intimbereich, Schule, Beruf, Wirtschaft, Politik und Gesellschaft allgemein.

Andere Phasen der Exklusion zeichnen sich durch Stopp-Mechanismen aus, z. B. in Politik, Recht, Religion, Kultur, Wirtschaft und Finanzen, in Geboten und Verboten. Was darfst du? Was darfst du nicht?

Es besteht eine >Verwandtschaft< zwischen Funktionalismus und Ausnahmezustand.

Strukturaler Fundamentalismus

Strukturen organisieren die gesellschaftliche Wirklichkeit. Struktural mein hier: Sich auf ein Gefüge, auf ein System beziehend. Ich spreche vom strukturalen Fundamentalismus, von einem auf ein Beziehungsgefüge sich stützenden Fundamentalismus. Und ich spreche von Fundamentalismus-Paradoxien (Shumuel N. Eisenstadt) in Ausschlusskulturen.

Ausschluss-Kulturen beruhen nicht – wie die US-amerikanische Öffentlichkeit uns oft glauben machen will, auf Unterentwicklung.

Sie sind teils Kulturen mit religiösem oder ideologischem Fanatismus im Hintergrund. Wirkungen in Ausschlusskulturen sind u. a. Ausschluss-Fatalismus, Ausschluss-Radikalismus und militanter Fundamentalismus Unter Fatalismus ist hier wohl eine Weltanschauung zu verstehen, die davon ausgeht, dass das Geschehen in Natur und Ge-

*sellschaft durch das Schicksal unabän-
derlich bestimmt bzw. vorbestimmt wird.
Fatalisten halten die Fügungen des Schick-
sals für unausweichlich und meinen, der
Wille des Menschen könne dem Schicksal
nichts entgegensetzen. Das Apartheitssys-
tem in Südafrika wurzelte Jahrhunderte auf
dieser Auffassung.*

*Radikalismus bezeichnet eine politische Ein-
stellung, die grundlegende Veränderungen
an einer herrschenden Gesellschaftsord-
nung anstrebt. Radikal meint das Bestre-
ben, gesllschaftlich und politische Probleme
an der Wurzel anzupacken und von dort aus
möglichst umfassen, vollständig und nach-
haltig – oft entgegen dem Willen eines
Volkes – zu lösen.*

*Über Militanten Fundamentalismus äußert
sich umfassend Thomas Schirrmacher in
seinem Werk Fundamentalismus. Wenn Religion gefährlich wird.*

Der Psychoanalytiker und Theologe Eugen Drewermann schreibt über George W. Bush. Er sei, von Versagenskomplexen gestärkt, vom fundamentalistischen Gotteswahn getrieben und deshalb davon besessen, einen besseren/erfolgreicheren Krieg als der seines Vaters zu führen.

In einem Interview mit SpiegelOnline seziert Deutschlands umstrittener Kirchenkritiker die Psyche des US-Präsidenten:

George W. Busch benutze oft religiöse Vokabeln. Er spräche von der Achse des Bösen, von Kreuzzügen gegen Terror. Häufig schließe er seine Reden mit der Formel >Gott schütze Amerika<.

Ist Bush ein überzeugter Christ? Seine Rhetorik verrate das Bemühen, die Öffentlichkeit mit religiösen Vorstellungen von seiner Art der Machtausübung zu überzeugen, insbesondere von monumentalen Möglichkeiten eines Kreuzzuges gegen das Böse.

Vorab stehe bei ihm der Islam im Brenn-
punkt des Interesses und der Zukunfts-
ängste, in Besonderheit und in Verbindung
mit dem Fanal, das mit dem Anschlag auf
das Welthandelszentrum in New York am
11. September 2001 gesetzt worden ist.

Voraussetzung hierfür sei die Machtstellung
des strukturalen islamischen Fundamenta-
lismus in Afghanistan gewesen.

Fundamentalismus der Wohlhabenden

Kirche der Wohlhabenden: Die päpstlich-
katholische Kirche war nach ihrer Einlas-
sung auf Konstantin I., den römischen Kai-
ser, eine fundamentalistische und nach
innen gerichtete Kirche der Wohlhabenden
geworden. Sie war über Jahrhunderte ein
herausragendes, erfolgreiches >Geschäfts-
modell< mit allumfassender Legitimation.
Sie wird es in anderer Form noch lange blei-
ben.

Al-Assads Clan

Ein Beispiel von Fundamentalismus der Wohlhabenden ist die Entwicklung um den Basschar-al-Assad-Clan und in Syrien die Religionsgemeinschaft der Aleviten. Der Al-Assad-Clan und die wirtschaftliche, finanzielle Elite des Landes verfügen über bzw. kontrollieren fast das ganze Vermögen und den unermesslichen Reichtum des Landes Syrien. Alle Argumente zum Erhalt der Macht und der Wohlhabenheit, alle Argumente, welche die eigene Position stärken, werden angenommen und verteidigt, so dubios sie auch sein mögen. Während gegenläufige Argumente als irrelevant, Fälschungen oder ideologisch-politisch motivierter Unsinn gebrandmarkt werden. Das Misstrauen gegen alle Andersdenkenden wächst und wächst und führt zu unvorstellbarer Gewalt. Moralismus und Größenwahn geben sich die Hand.

Chiles Oberschicht

Ein paar Worte zum Fundamentalismus superreicher Familien in Chile und zu deren Verhältnis zu jenen Menschen im Land, die von der Hand in den Mund leben:
Mein Onkel Chang-Chang war 1994 Gast in einer Familie aus der wohlhabenden Oberschicht in Santiago de Chile. Er hatte einen Sohn der Familie während dessen Kurzaufenthaltes in der Hohai-Universität in Nanjing kennengelernt.

Alejandro, so hieß er, war bei seinen Eltern in Ungnade gefallen, weil er nach seinen Studienjahren in London und Najing sein Herz für einfache Leute, die Armen, entdeckt hatte und in Folge sich in Chile politisch und sozial für Arme engagierte. Die Eltern – darüber erbost – nannten diejenigen Menschen, die in Chile oder anderswo von der Hand in den Mund leben, folglich alle Armen, grundsätzlich >Chinches<,was soviel bedeutet, wie >stechende, beißende, blutsaugende Bettwanzen<.

*Das entsprach ihrer Anschauung vom Men-
schenbild und ihrer Weltanschauung.*
*Mein Onkel Chang-Chang später: Es machte
mich fassungslos wie diese Menschen denken.*

*Während die Oberschicht unter den Wohl-
habenden international zu den Superrei-
chen und Spitzenverdienern zählt, müssen,
ungelernte Beschäftigte mit dem gesetzlichen Mindestlohn von ca. 100 Euro mo-
natlich auskommen, soweit sie überhaupt
in den Genuss solcher Leitungen kommen
können.*

Rassismus in Brasilien

*Ähnliche Bedingungen finden wir in Bra-
silien. Der von einem fundamentalistischen
Menschenbild ausgehende Rassismus prägt
Brasiliens Gesellschaft. Wegen des wirt-
schaftlichen Aufschwungs des Landes in den
letzten 10 Jahren werden die sozialen und
Gesellschaftsprobleme zwar schöngeredet,
tatsächlich blühen jedoch die weltanschau-*

lichen Vorurteile der sogenannten internationalen Oberschicht und der Großgrundbesitzer, der FAZENDEIROS.

Die Brasilianische Gesellschaft ist unendlich vielfältig, sowohl in sozialer, ethischer, kultureller, politische als auch in religiöser Hinsicht.

Neben den wohlhabenden gibt es die im und vom Urwald lebenden Indianerstämme im Amazonas-Gebiet, die kleinbürgerlichen Einwanderer-Kolonien in Südbrasilien, die bettelarmen Landarbeiter und die Slumbewohner.

Der Ursprung des Menschenbild-Fundamentalismus ist in der damaligen Lebensform der FAZENDAS zu suchen, in den über Jahrhunderte mit Sklavenarbeit betriebenen und aufrechterhaltenen Landgütern mit fast unvorstellbaren Ausmaßen. Noch heute beeinflusst dieses Feudalsystem die Gesellschaft.

Die FAZENDEIROS, die Gutsbesitzer, lenkten das Leben aller auf dem Land, von der Wiege bis zur Bahre. Der Rassismus und die Geringschätzung der weniger Bemittelten und Abhängigen in der Gesellschaft als Folge eines Menschenbild-Fundamentalismus ist zwar offiziell durch einen Passus in der Verfassung abgeschafft. Trotzdem begegnet man Rassismus und gesellschaftlicher Ausgrenzung allerorts.

Die nicht teilen wollen: Die Reichen in den USA und in Europa

Ein paar Worte zum fundamentalistischen Menschenbild in den USA und in Westeuropa:

Aus einem Buch des Wolfgang Streeck (2013), >Gekaufte Zeit, Die vertagte Krise des demokratischen Kapitalismus<, stellt dieser ganz einfach fest: Die Bevölkerung der westlichen Hemisphäre will nicht teilen. Das Problem ist nicht, dass es zu viele Menschen gibt, wie von Begüterten und deren

Nutznießer oft behauptet wird. Das Problem ist die Art und Weise, wie westliche Staaten und Bevölkerungen die Ressourcen für sich beanspruchen und verbrauchen.

Die Grundelemente des sogenannten demokratischen Kapitalismus in den USA und in Europa sind fundamentalistisch.

So sagen zumindest die Wissenschaftler Robert Skidelsky, Eduard Skidelsky, Martin Hellwig übereinstimmend (Wieviel ist genug? Vom Wachstumswahn zu einer Ökonomie des guten Lebens. Des Bankiers neue Kleider: Was bei Banken wirklich schief läuft und was sich ändern muss.)

Da ich dieses Thema hier nicht weiter vertiefen möchte, verweise ich an die Frankfurter Kapitalismus-Kritik der 60er-Jahre, an Habermas, Offe, Adorno und in neuerer Sichtweise der Dinge an Wolfgang Streeck, Direktor am Max-Plank-Institut für Gesellschaftsforschung in Köln.

In einem Artikel zum Tod des Attac-Mitbegründers Pierre Bourdieu (verstorben 2002) wird auf Bourdieus Studie zum Marktfundamentalismus verwiesen.

Bourdieus Gedanken kreisen um das Elend der Welt. Er beschreibt die Auswirkungen der sogenannten >neoliberalen Reformen< und die wachsende Kluft zwischen Arm und Reich. Der Neoliberalismus, erklärt Bourdieu in einem Spiegel-Interview, ist eine Eroberungswaffe. Er verbreitet einen ökonomischen Fatalismus, gegen den jeder Widerstand zwecklos erscheint. Er ist wie AIDS: Er greift die Abwehrsysteme seiner Opfer an.

Den Begriff Marktfundamentalismus haben Jonathan Benthall und George Soros geprägt. Laut diesen sind Marktfundamentalisten Menschen, die glauben, dass Märkte ein Gleichgewicht anstreben und dass dem Allgemeinwohl am besten gedient ist, wenn man den Teilnehmern erlaubt, frei und ungebremst ihre Eigeninteressen zu verfolgen.

Zu Bedeutung und zu den Folgen in der globalisierten Ökonomie schreibt Soros:

Der Marktfunktionalismus ist inzwischen so mächtig, dass alle politischen Kräfte, die sich ihm zu widersetzen wagen, kurzerhand als sentimental, unlogisch oder naiv gebrandmarkt werden.

Erfahrung der Ohnmacht

Hier noch ein paar Worte zum Islam.

Bis ins späte 19. Jahrhundert herrschten die Europäer über die islamische Welt.
Siehe hierzu Malek Chebel, Anthropologe, Philosoph aus Algerien: Le Corps en Islam (2004), L'islam Expique (2009), Contes du Coran et de l'islam (2010), Le Coran Trad (2011), Dictionaire amoureux de l'Algérie (2012).

Die Erfahrung von Machtlosigkeit, Fremd-herrschaft und der Identitätsverlust als Fol-ge des europäischen Kolonialismus, die über lange Zeiträume wirtschaftliche und politi-sche Übermacht des Westen, hat viele Mus-lime dazu gebracht, ihr Heil in einer Rück-besinnung auf Ursprünge ihrer Religion zu suchen. Die daraus entstandenen politi-schen Richtungen fasst man heute fälsch-licherweise unter der Bezeichnung Islamis-mus zusammen.

Diese so bezeichneten Anhänger aus einer religiös-politischen Strömung kritisieren die Verwestlichung der islamischen Länder.

Sie propagieren die Rückkehr zum reinen Is-lam. Das Spektrum reicht von Muslim-Bruderschaften in Ägypten, die den Staat nach eigenen Angaben mit legalen politi-schen Mitteln zurück islamisieren wollen, bis zu den afghanischen Taliban, die ihr Land mit Gewalt zurück ins Mittelalter ka-tapultieren wollen.

Der Soziologe Martin Riesebrodt *(Cultus und Heilsversprechen. Eine Theorie der Religionen. 2007) fasst das so zusammen: Es geht um eine Gemeinschaftsbildung der Moderne, die eine von ihr wahrgenommene Krise durch eine exakte Rückkehr zu vermeintlich ewig gültigen, heiligen Prinzipien, Geboten oder Gesetzen zu überwinden versucht. Fundamentalisten gehen davon aus, dass es eine zeitlos gültige Ordnung gibt, die auf einer religiös verbindlichen, frommen Lebensführung beruht. Es gibt eine spezifische religiöse Reglementierung der Lebensführung, eine Idealisierung patriarchalischer Autoritäten.*

Klaus P. Japp *(Zur Soziologie des fundamentalistischen Terrorismus) sagt dazu: Der politische Extremismus des Islam wird überwiegend auf sozioökonomische Deprivation und/oder kulturelle Orientierungs- und Anerkennungsdefiziten zurückgeführt.*

In diesem Zusammenhang dominiert ein >argumentum ad hominem<, eine Beweis-

rede zum Menschen als Angriff auf die Identität und die persönlichen Umstände bzw. Eigenschaften des Gegners, dessen empirischer Hintergrund durch die Realitätskonstruktionen der Massenmedien aufgebaut wird.

Samuel Huntington (Kampf der Kulturen. Die Neugestaltung der Weltpolitik im 21. Jahrhundert) sieht u.a. Fundamentalismus als Phänomen gegen die Übermacht des sich nicht genügend erklärenden Säkularismus.

2017

Nachgang

Wenn schon Macht, dann Allmacht

Seht den >allmächtigen< Präsidenten der Vereinigten Staaten von Amerika (Februar 2017). Be careful what you wish for ... Er schürt für viele Menschen Befürchtungen, wie sie in dieser Schrift offengelegt worden sind.

Mister President wird um die Vereinigten Staaten von Amerika herum und innerhalb der Bevölkerung unablässig Mauern errichten. **DAMIT DIE FREIHEIT NICHT ENTFLIEHEN KANN?**

Ach Brüder und Schwestern, was gläubige Menschen und deren Sinn für Entscheidungen, deren kuriose Gedankengänge, deren Hoffen und Bangen betrifft, stecke ich in einem tiefen Zwiespalt.

Millionen Menschen aus allen Schichten, mit und ohne Besitz, Reiche und Arme, Christen, Muslime, Hindus und andere Gläu-bige, setzen auf Gott, auf Allah, Jahwe, Brahma, Shiva ...

Millionen Menschen glauben an böse Geister und Krankheit als Strafe der Götter. Millionen Menschen setzen alles auf eine Karte. Und Millionen Menschen unterwerfen sich und ihre Familien der dienenden Liebe. Still und leise tragen sie - im Glauben auf Gottes Wirken und auf Erlösung - zur

Erhaltung und Weiterentwicklung der Gattung Mensch bei.

Da ist ein kleiner Vogel, der zwitschert und singt. Und dort ist ein Gott (?), der in seiner Allmacht eine Katze geschaffen hat, damit sie den Vogel frisst.

Der Autor

Rolf D. Kaufmann, Jahrgang 1942, arbeitete als Lehrender 29 Jahre an einer deutschen und 6 Jahre an einer italienischen Universität. Er studierte Kunstgeschichte, Malerei und Grafik in Rom, Politikwissenschaften in München, Pädagogik, Philosophie, Soziologie, Indologie und Sinologie in Freiburg. Die ihn am meisten beschäftigenden Themenstellungen sind Marginalität, in gesellschaftlicher Grenzstellung befindliche Personen, Ethnizität, Ambivalenzen in Mehrfach-Identitäten – und der Dialog zwischen den Kulturen. Private und berufliche Gründe führten ihn nach Asien, Vorderasien, Afrika, in arabische Länder und nach Süd- und Mittelamerika.

Zeitfracht Medien GmbH
Ferdinand-Jühlke-Straße 7
99095 Erfurt, Deutschland
produktsicherheit@kolibri360.de